발로 쓰는 시

시는 무엇일까. 알고 싶고 쓰고 싶어
나혜석 시인과 접선을 시도하였다.
김수영 시인과 접선을 시도하였다.
윤동주 시인과 접선을 시도하였다.
모두 실패하였다.
인터네셔널하게 에밀리 디킨슨과 접선을 시도하였다.
거의 될 뻔 하였으나 영어를 못해서 실패하였다.

고개를 떨구고 있을때
천상병 시인이 나타났다.
"발로 써라. 발로 써라."

시인의 가르침을 받들어 마침내
어디에 내놓아도 부끄러운 시!
차마 손으로 썼다고 말 못 할 시!
발로 쓰는 시가 탄생하였다.

하지만 이제 안다.
시는 곧 삶이고 삶은 움직이는 것이다.
"발로 뛰어 써라. 발로 뛰어 써라."

진수경

그림책을 좋아합니다. 그림이 책이라니 너무 멋지잖아요.
그림책을 열심히 읽고 만들다 보니
그 속의 이야기들이 시로 와닿았습니다.
그래서 시를 써 보기로 했습니다.
어떤 시는 쓰다가 버렸고요, 어떤 시는 꿈속으로 날아가 버렸어요.
시를 생각하며 걷다가 발가락 사이에 낀 먼지를 발견했는데
그 어떤 시보다 더 진실해 보였습니다.
그래서 그냥 그 먼지 같은 말들을 적어 보기로 했지요.
어쩐지 부끄러운 마음에 발로 썼다고 했지만,
그 발로 버티며 살아온 나날의 기록이기도 해요.
그러니 너무 진지하게 읽지 말고, 킥킥 웃어 주면 좋겠어요.
질질 끄는 것도 전진이라며 하루하루 버텨 온 당신들과
이 시집을 나누고 싶습니다.

그림책 〈뭔가 특별한 아저씨〉, 〈악어가 온다〉, 〈산타 할머니〉, 〈귀신 님! 날 보러 와요!〉, 〈두근두근 2424〉, 〈나태평과 진지해〉, 〈함께 줄넘기〉, 〈가위손 사장님〉, 〈우리 동네는 접경 지역〉을 쓰고 그렸습니다.

거참, 미스터리

진수경 그림시집

봄개울

차례

흑색 어머니

헌 옷
방학
쪼무래기
강아지를 찾아 드립니다
흑색 어머니
아르바이트
사라지는 슬픔
여행을 떠나요, 제발
관계자

위기의 하루

집안일 계시록
마늘 챌린지
화가 난다
위기의 하루
연구자
뛰어라
집순이
독기

못난이 마음

여드름
준비
위내시경
못난이 마음
생각하는 사람
홍역
잊어
새해 복 많이 받으세요

미스터리

전곡리안
꽃이 지면
태풍
맨드라미
환절기
재회
미스터리
너만 바라볼게
네잎클로버

흑색 어머니

헌 옷

이 낡은 티셔츠 버리라고 하지 마세요.
목이 늘어나고 구멍이 났어도 난 이게 너무 좋은데
낡았다고 버리는 건 슬프잖아요.
낡을수록 소중한 게 있잖아요.
빈티 나도 좋아요. 나는 계속 입을래요.
구멍에 손 넣어서 크게 만들지 마세요.
나 없을 때 몰래 버리지 마세요.

		7			
	1	2	3	4	5
6	7	8	9	10	11	12
13	14	15	16	17	18	19
20	21	22	23	24	25	26
27	28	29	30

			9			
1	2	3	4	5	6	7
8	9	10	11	12	13	14
15	16	17	18	19	20	21
22	23	24	25	26	27	28
29	30

일	월	화	수	목	금	토
				1	2	3
4	5	6	7	8	9	10
11	12	13	14	15	16	17
18	19	20	21	22	23	24
25	26	27	28	29	30	31

쪼무래기

엄마, 우리 반 성땡땡이는 전설이야. 달리기가 진짜 빨라.
박땡땡이는 신이야. 힘이 진짜 세. 연필도 막 부러뜨려.
근데 홍땡땡이는 핵신이야. 아, 핵신은 신보다 더 위에 있는 거.
달리기도 제일 빠르고 힘도 세고 심지어 싸움 기술도 끝내줘.
받아쓰기도 제일 빨리 쓰고 맨날 100점에 구구단은 다섯 살 때 다 외웠대.
진짜 엄청나지!

우아, 정말 핵신 맞네. 그럼 너는?
나? 나는 그냥 쪼무래기.
그래? 쪼무래기여도 괜찮나 봐?

당연하지. 엄마는 모르는구나? 쪼무래기가 얼마나 재밌다고.

강아지를 찾아 드립니다

엄마 요즘 일 많아?
이틀 정도 쉬면 어때?
나도 체험 학습 신청서 내고.

이름은 달이
종은 믹스견
잃어버린 곳은 굴다리
현상금 30만 원

강아지를 꼭 찾아 주고 싶은 거지?
응!
⋮
현상금도 받고.

흑색 어머니

등굣길에 발견한 커다란 개똥
밟을 것 같은 아이들에게 간절하게 외친다.
"개똥!!! 조심!!!"

아이들이 안도의 한숨을 내쉰다.
소리치는 나에게 한 아이가 묻는다.
"아줌마는 누구예요?"

아르바이트

엄마 흰머리 한 가닥 뽑으면 50원
오늘의 목표는 백 가닥
50 x 100 = 5000원
곰 젤리가 세 봉지다.

단,
검은 머리 뽑을 시 한 가닥에 -100원

흰색을 뽑았는데 비명을 꺅! 지른다.
회색도 있고, 노란색도 있고, 반만 흰색도 있다.
손가락이 떨리고 눈이 너무 아프다.

흰머리 다섯 가닥 + 검은 머리 두 가닥 = 50원 = 파업

사라지는 슬픔

나 선생님한테 혼났어.
강당에서 해성이가 실내화를 벗어서 내 코에 갖다 댔거든.
엄마는 모를걸. 내 코가 썩는 느낌?
내가 쫓아가서 옷을 잡아끌었어.
그런데 같이 혼났어. 나 지금 기분 안 좋아. 슬퍼.

그래? 목소리는 밝은데?

아아!
나 오는 길에 돌멩이 발로 찼거든.
놀이터에서 누워서 그네 탔거든.
크림이 만나서 궁둥이 팡팡 쳤거든.
이제 집에 가서 매운 라면 먹을 거거든.

와, 다행이다!
돌멩이랑 그네랑 길고양이랑 라면에 사라지는 슬픔이라서!

여행을 떠나요, 제발

우리 바다에 가기로 했잖아.
그런데 이렇게 아프면 어쩌니.
하지만 너가 낫는 게 중요하지
여행이 무슨 대수라고….

강물이랑 바다랑 만나는 곳에서
놀고 싶어서 서핑 보드 산 거?
그거 엄마 작업대 발판으로 쓰면 되지 모.
아, 새로 산 래시 가드?
그거 시원하게 잘 때 입지 모.
포구에서 떠 주는 오징어회?
그냥 오징어 다리 씹으면 되지 모.
오징어 그까짓 거 마른 거나 젖은 거나….
해변에서의 일출?
그냥 우리 집 창문에서 보지 모.
집에서 뜨는 해나 거기서 뜨는 해나….

너만 건강하면 돼! 그런데 말야…
기왕이면 이번 주 금요일까지만 아팠으면.
마지노선 토요일 오전.
명심해 줬으면 해.
그 때까지는 이겨 내.
견뎌 내.
극복해.
아자아자!

관계자

❌❌❌❌

〈관계자 외 출입 금지〉
우리는 못 들어가잖아.
여기 안에 뭐가 있길래?

딸기케이크랑 초코우유랑
맛있는 거 잔뜩 쌓아 놓은 곳 아니야?

방방이랑 범퍼카랑 인생네컷
재밌는 거 가득가득 차 있는 곳 아니야?

마다가스카르나 남극으로 가는
비밀 통로가? 혹시 블랙홀?

⭕⭕⭕⭕

〈관계자 출입 금지〉
얘들아 얘들아 모여 봐.
내가 만들었어.
정말 근사한 곳이야.
여긴 다 들어가도 돼.

어? 나만 못 들어가는 건가?

위기의 하루

집안일 계시록

청소를 할지어다.
내가 청소기를 돌리노니
필터를 먼저 살필지어다.
꽉 찬 먼지를 덜어 내라.
칫솔로 세척하라.
이를 행하지 아니하면
곧 너의 기관지를 옥죄어 올 것이다.

빨래를 할지어다.
내가 세탁기를 돌리노니
세탁조를 먼저 살필지어다.
과탄산 소다를 들이부어라.
뜨거운 물로 불려라.
이를 행하지 아니하면
옷에서 찌꺼기를 수확할 것이다.

설거지를 할지어다.
내가 그릇 수저를 헹구노니
찬장을 먼저 살필지어다.
접시를 포개어라.
그릇을 구분하라.
이를 행하지 아니하면
국그릇에 밥을 퍼먹게 될 것이다.

신이시여, 집안일이 가시밭길인데
부디 저를 일으켜 세우소서.
소파와 한 몸이 된 저를 꾸짖으소서.

마늘 챌린지

언니가 마늘을 매실에 재워서 두 병이나 주고
엄마가 마늘종을 무쳐서 싸 주고
시어머니가 마늘장아찌를 반 접이나 주셨다.
사랑받는 기분으로 매일매일
끼니마다 우적우적 먹는다.

알리신께서
내 몸을 소독하신다.
염증을 때려 잡으신다.
혈관을 빵 뚫으신다.

……
……
……

뒤늦게 알 것 같다.
사람이 되라는 그 어떤.

* 알리신(Alicin)은 매운맛과 냄새를 나게 하는 마늘의 성분입니다.

화가 난다

火가 난다.
콩자반이 돌 같아서
火가 난다.
칫솔이 필통에서 나와서
火가 난다.
어제 끓인 미역국이 쉬어서
火가 난다.
한 시간 동안 토끼 하나 그려서

띠리링~

花가 난다.
작업비가 입금돼서
花가 만발한다.
십만 원 더 주셔서

살맛 난다.
세상이 아름답다.
마카롱 사 먹으러 가자.

위기의 하루

세탁조 청소한 지 얼마나 됐다고
옷에서 냄새가 난다.
세탁기 부숴 버릴까… 휴!
하마터면 엇나갈 뻔했다.

렌즈 통이 두 갠데 둘 다 렌즈가 있다.
파랑, 분홍. 어느 통이 새거지?
국과수에 전화할까… 휴!
하마터면 엇나갈 뻔했다.

양파 한 망 샀는데
겉으론 멀쩡하고 속이 썩은 게 섞여 있다.
마트 가서 드러누울까… 휴!
하마터면 엇나갈 뻔했다.

오늘 하루도 나쁜 길로 안 빠지고
바르게 잘 컸다. 그래 잘했다.

연구자

어떤 날은 얼룩덜룩
어떤 날은 타 버리고
어떤 날은 한쪽만 하얗다.
편차를 줄여야 한다.

일정한 힘을 가해 균일하게 펼쳐야 한다.
불은 꺼지기 직전의 세기로 미세하게 조절해야 한다.
5분마다 색의 변화를 꼼꼼하게 관찰해야 한다.

이마엔 송골송골 구슬땀이 맺힌다.
드디어!
사방 균일한 노릇노릇 누룽지가
냄비 모양대로
뽕!
떠올랐다.

뛰어라

친구의 목소리가 들린다.
다리도 뛰고, 심장도 뛴다.
정미도 뛰고, 소희도 뛴다.
집 앞 앵두나무를 지나
마을 우편함을 지나
팽이 돌리는 아이들을 스쳐
친구의 손에 세 번째로 붙는다.
"숨바꼭질할 사람 여기 여기 붙어라!"

아저씨의 목소리가 들린다.
다리도 뛰고, 심장도 뛴다.
내 옆의 아주머니도 뛰고, 카트 청년도 뛴다.
생선 코너를 지나
정육 코너를 지나
양파 쌓는 직원 옆을 스쳐
아저씨 앞에 네 번째로 줄을 선다.
"복숭아 타임 세일! 선착순 열 명만 오천 원!"

집순이

마감이 다가온다.
스스로를 집 안에 구속시켰다.

1일차
고요한 집이 최고다.
고독한 중생. 사색의 시간.

2일차
화분에게 말을 걸어 보았다.
대답 없는 너. 심연의 시간.

3일차
환기를 위해 창문을 열었더니
쇠창살이 있었어? 깨달음의 시간.

4일차
배달 음식이 사식으로 느껴질 즈음
통장에 찍힌 돈이 영치금으로 보일 즈음
친구의 방문이 면회로 느껴질 즈음

이제 그만 사면의 시간.

독기

아침에 눈 뜨면
바로 이불 갤 거야.
밥 먹고 나면
바로 설거지할 거야.
외출하고 집에 오면
바로 씻을 거야.
빨래가 다 돌아가면
바로 널 거야.
밤에 배고파도 이 닦았으면
아무것도 안 먹을 거야.
피도 눈물도 없는
냉정한 인간이라 불러도
나는 그렇게 할 거야.

못난이 마음

여드름

얼굴이라는 우주에
눈이라는 태양 두 개가 있다.
태양계에서는 하루에도 몇 개씩
새로운 별들이 탄생하고 커지다가
폭발을 일으키고 별자리로 남는다.
미간에서 가장 빛나는 별은 부처님별
코밑에서 점인 척하는 별은 코딱지별
양쪽 뺨에 똑같이 빛나고 있는 쌍둥이별
턱에서 반짝이는 좁쌀 같은 일곱 개의 별은 북두칠성
부처님별이 빛을 잃을 때쯤
이마에 새로운 초신성이 나타난다.
도저히 멈출 줄 모르는 별들의 움직임에
두 태양은 눈을 감고 만다.

준비

치과에 갈 때에는
양치를 깨끗하게 해야지.
치실도 꼼꼼하게 쓰고.
그럼 그럼 기본이지.

가자마자 입을 아— 할 테니
립밤 같은 것도 바르지 말아야지.
치료 기구에 묻으면 안 좋아.
그럼 그럼 그래야지.

선생님과 가까이에서 치료받잖아.
머리는 감고 가야지.
냄새나면 좀 그렇잖아.
그럼 그럼 그게 좋겠지.

머리는 푸는 게 낫겠지?
누울 때 불편하니까.
음!
그래 그래 다 좋아.

이제 제발 치과 좀 가.

위내시경

나는 수면으로 하겠소.
비싸도 그렇게 하겠소.
내 비록 가진 건 없지만
기꺼이 돈으로 고통을 없애겠소.

자, 약 들어갑니다.
어떡하오? 잠 못 들면 어떡하오?
의심이 많으면 최면에 안 걸린다 하잖소.
자면서 이상한 소리라도 하면 어떡하오?
택배가 안 와서 애타는 마음 들키면 어떡하오?

진수경 씨! 진수경 씨! 일어나세요. 설명 들으실게요.
아니! 아니! 나는 아직 자고 있소.
선생님 말씀이 무엇인지 잘 모르겠소.
아, 그러니까 대충 라면을 먹어도 된다는 말씀인 것 같소.

못난이 마음

못난이 마음을 꽁꽁 숨긴다.
가끔은 예쁘게 꾸며서 잘 포장해 꺼내어 놓는다.
어때 나는 괜찮은 사람이지?
어때 이 정도면 멋진 사람이지?

어느 날, 눈동자에 나를 담아 주는 사람을 만나면
못난이 마음을 그대로 슬그머니 보여 준다.
내가 이런 좀생이야.
내가 이렇게 후진 놈이야.

그러냐 좀생아? 하하!
뭐 강물이라도 되는 줄 알았냐? 하하!
그렇지!
그냥 그렇게 마주 보고 웃는다.

어느새 못난이 마음이 반쪽이 된다.

생각하는 사람

생각이 깊은 자는 옷을 대충 걸친다.
예수와 부처만 보아도 그렇다.
로댕의 생각하는 사람은 아예 빤쓰도 없다.

그러나 나는 눈앞의 것만 보는
어리석은 인간이므로 옷을 다 갖춰 입고 생각한다.

저녁에는 무엇을 먹어야 하나?
김치찌개? 된장찌개? 순두부찌개?
계란은 말이가 낫나? 찜이 낫나?

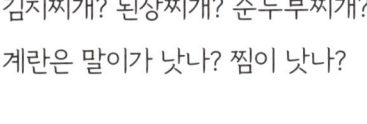

아아,
머리가 아프다!

홍역

유난히 파아란 하늘을 본다.
열한 살의 여름
홍역을 앓았다.
빈집에 홀로 누워
큰 숨을 작게 나눠 쉬며
작은방 창문으로
파아란 하늘을 보았다.
구름이 지나갔다.
한 개, 두 개…

같은 반 친구 영미와 해연이가 찾아왔다.
우리는 무슨 이야기를 했을까?

홍역은 지나가고
오른쪽 뺨 위에 흉터 두 개를 남겼다.

유난히 파아란 하늘을 본다.
마흔한 살의 가을
오른쪽 뺨의
흉터 두 개를 만져 본다.
하나는 영미, 하나는 해연이.
귀여운 친구들이 그리운
파아란 하늘의 날.

잊어

자려고 눕는다.
쿡쿡… 쿡쿡…
오늘 내가 쏟아 낸 말들이
나를 찌르는 소리.

그 말은 왜 했지?
쓸데없이
미치지 않고서야.

누구나 이불 킥 정도는 한다고?
나는 러시아 불곰처럼 이불을 찢어.
그러니까
네가 잊어 줄래?
오늘 나의 헛소리.
잊어, 잊어, 잊어 주라.

새해 복 많이 받으세요

올해엔
맛있지만 몸에도 좋은 거 많이 드시고요,
이불 킥 따위는 하기도 전에 잠드시고요,
삼십 분만 걸어도 몸 튼튼 맘 튼튼 하시길요.
맛집 줄 서면 십 분 안에 들어가시길 바라고요,
재료 소진은 부디 당신까지가 마지노선이길,
내일부터 하는 다이어트도 유의미하시길 바라요.
전철 타면 다음에 내릴 사람 귀신같이 알아보고 서 있다 앉으시고요,
짜증 나는 인간이 있으면 더 짜증 나게 응수하길요.
천 원으로 인형 두 개 뽑으시고요,
자판기 커피가 미쳐서 양 두 배로 내려 주길 바라고요,
일하다가 졸아도 상사에게 걸리지 마시고요,
로또가 당첨되어도 일은 손에서 놓지 않길 바라요.
콘서트 티케팅을 한다면 포도알 수확하시고요,
절망 속에 있더라도 자꾸 웃기는 게 눈에 보여서 피식피식하시고요,
아프면 바로바로 병원 가시길,
병원에 가더라도 별거 없는 처방전 받으시길 바라요.
하루 중 좋아하는 거 할 수 있는 시간을 꼭 확보하시고요,
새해 복 많이 못 받아도 너무 속상해하지는 마시길 바랄게요.

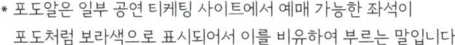

* 포도알은 일부 공연 티케팅 사이트에서 예매 가능한 좌석이
  포도처럼 보라색으로 표시되어서 이를 비유하여 부르는 말입니다.

미스터리

전곡리안

입술도 바르고 정장 바지도 꺼내어 입고
서울에 다녀왔어요.
귀여운 신랑, 신부의 결혼식도 보고요,
맛있는 밥도 먹고요,
친구랑 석촌호수도 걷고요,
카페에서 자몽 라임 블라스트도 마셨어요.

새로운 건 없었어요.
나도 예전엔 서울에 살았거든요.
슬리퍼 끌고 남산을 제집 뒷산 가듯 다녔고요,
추리닝 입고 종로에서 막걸리도 마셨어요.
세수만 한 얼굴로 코엑스에서 영화도 봤다고요.
내가 떠난 서울은 조금 새침해졌더라고요.
길도 잘 안 가르쳐 주고요,
버스들은 우리 집도 모른대요.
아, 콧대 높은 롯데타워는 잭이 심은 콩나무야 뭐야.
그래요. 이제 나는
한강변 대신 한탄강변을 걷고
타워 대신 민통선 전망대에 오르는 전곡리안이에요.

꽃이 지면

세탁소 아주머니가 가게 앞에
후드득 후드득 떨어진 벚찌를 쓸며
우이씨 우이씨 하신다.

어? 내가 봤는데.
두어 달 전에
봄바람에 일렁이는 벚꽃에
취해 있던 모습을.

나도 까치발을 한다.
하얀 신발에 물이라도 들까
조심조심 내디딘다.

어? 나도 그랬는데.
눈 오는 날의 개들처럼
벚꽃 핀 공원을
뛰어다니던 나였는데.

그때는 그때고
지금은 지금인데
버찌가 물들인 보라색은
벚나무의 상처받은 시퍼런 멍 같아.

태풍

어떡하지.
나무가 너무 흔들리는데
오늘 밤에 뽑히면 어떡하지.
미리 뽑아 놓아야 하나.

어떡하지.
창문이 덜컹거리는데
오늘 밤에 깨지면 어떡하지.
미리 떼어 놔야 하나.

어떡하지.
순대 아저씨
월요일마다 오시는데
오시지 말라고 하고 싶은데
계좌 번호밖에 모르네.
어떡하지.

힌남노 어떡하지. 힝…남노

* 힌남노는 2022년 9월에 한반도를 강타한 초강력 태풍의 이름입니다.

맨드라미

미안한데, 너 좀 못생겼어.
미안한데, 너 좀 징그러워.

꽃잎이 뭐가 그리 두꺼워?
모포처럼 질기게.

색깔은 왜 그렇게 진해?
핏물처럼 무섭게.

이른 봄부터 늦은 가을까지
뭘 또 그렇게 오래 피어 있어?

그런데 난 네가 좋아!
너를 보면 그냥 지나칠 수 없어.
한 번 보면 계속 계속 보고 싶어.

고생해서 두툼하고 까슬까슬 거칠어진
우리 엄마 손 같아서.
미용실 갈 돈 아낀다고 빠글빠글 파마하는
우리 동네 할머니들 같아서.

환절기

맴맴맴맴맴맴맴맴
맴매맴맴맴맴매에
매앰매애므
ㅁㅇㅁ…
힘들어 죽겠네.

툭.
매미가 떨어진다.
마지막 힘을 다해
지나가던 귀뚜라미를 불러 세운다.
오디오… 비게… 하지 마. 맴!

귀뚤귀뚤 귀뚜르르
찌르찌르 찌르르르
귀뚤귀뚤 귀뚜르릉
찌르찌르 찌르르릉

재회

2년이라는 시간이었다.
왼쪽은 양말통 저 밑에서,
오른쪽은 서랍 저 구석에서.

다시 마주한 둘은
서로를 맞잡고 뜨겁게 재회했다.

나는 네가 강변길 어딘가에서 없어진 줄 알았어.
나는 네가 복잡한 전철에서 떨어진 줄 알았어.

손깍지하고 부둥키며 말했다
다시는 헤어지지 말자.
왼쪽이 손목을 뒤집어 오른쪽을 꼬옥 안았다.

미스터리

머리카락이 내 머리에 있을 땐 소중한데
떨어져 나가면 왜 더러운 거지?
거참, 미스터리.

손톱도 발톱도 내 몸의 일부인데
잘라 놓으면 왜 지저분하지?
거참, 미스터리.

각질은 내 피부를 보호해 주는 건데
때라면서 밀어 버리다니.
거참, 미스터리.

"미스터리는 무슨 미스터리?
나는 그것을 품고 있느니라."
대장님께서 한말씀하셨다.

신호가 왔다.
대장님은 어마어마한 분이시다.
거참, 미스터리.

너만 바라볼게

보리차를 쭉 먹다가
작두콩차를 먹으니 아주 고소하고 맛있다.
옥수수수염차를 먹으니 달콤하니 맛있다.
그러다 누가 우롱차를 주었는데 아주 향긋하고 맛있다.
오미자차 이름이 귀여워서 먹어 보았더니 새콤하니 맛있다.
어느 날 문득 보리차를 다시 한번 먹어 보았다.

보리차는
작두콩차보다 고소하지도, 옥수수수염차보다 달콤하지도,
우롱차보다 향긋하지도, 오미자차보다 새콤하지도 않지만,
입안에서 가장 편안한 맛
과하지도 부족하지도 않은
적당히 담백한 맛

따뜻하게 먹어도
차갑게 먹어도
얼려 먹어도
미지근하게 먹어도
보리차가 최고!
이제 너만 바라볼게.

네잎클로버

행복이 지천인데
행운만 찾는 너.

몰래 몰래 숨어도
기어코 찾아내는 너.

납작하게 만들어
행운의 징표인 양
꼭꼭 간직하는 너.

그래도 노력이 기특하니
네 잎의 비밀 알려 줄까?

첫째 잎은 잘 먹는 거야.
둘째 잎은 숨차게 움직이는 거야.
셋째 잎은 따듯하게 푹 자는 거야.
넷째 잎은 '사랑해.'라고 말하는 거야.

난 다 알려 줬다!

봄개울은 봄햇살 아래 책 읽는 소리가 졸졸졸 흐르는 세상을 꿈꿉니다.

초판 1쇄 2025년 11월 25일 | **시와 그림** 진수경
펴낸이 박우일 | **만든이** 김난지 | **꾸민이** 손미선 | **제작** (주)웅진, 신홍섭
펴낸곳 봄개울 | **등록번호** 390-96-00662 | **주소** 강원도 춘천시 남면 충효로 750-12
전화 033-263-2952 | **팩스** 0303-3130-2952
이메일 bomgaeulbook@naver.com
블로그 blog.naver.com/bomgaeulbook

ⓒ진수경, 2025

- 잘못 만든 책은 구입하신 서점에서 바꾸어 드립니다.
- 이 책은 저작권법에 따라 보호받는 저작물이므로 무단전재와 무단복제를 금지하며,
  이 책의 전부 또는 일부를 이용하려면 반드시 저작권자와 봄개울의 동의를 받아야 합니다.

ISBN 979-11-7534-015-2 (03810)

제조국 대한민국   사용연령 7세 이상
주의사항 종이에 베이거나 긁히지 않도록 조심하세요.
         책 모서리가 날카로우니 던지거나 떨어뜨리지 마세요.
KC마크는 이 제품이 공통안전기준에 적합하였음을 의미합니다.